Volker Ullmann • Gedanken aus der Grenzenlosigkeit

Über den Autor Volker Ullmann

Als ausgebildeter Schauspieler war Volker Ullmann unter anderem am Theater in Bochum und am Hamburger Thalia Theater engagiert. In London absolvierte er zusätzlich eine Ausbildung als Bühnenfechtmeister, der zahlreiche Inszenierungen folgten (Staatstheater Saarbrücken, Deutsches Schauspielhaus Hamburg, Staatsoper Wien). In Hamburg gründete er mit seiner Frau Manelle die staatlich anerkannte „Stage School of Dance and Drama“, sechs Jahre später den Ullmann Verlag für Film, Fernsehen und Theater, der durch eine Schauspielagentur erweitert wurde. Nach fünfzehn Jahren hat er sich von allen Unternehmen getrennt, um sich ganz auf das Schreiben zu konzentrieren.
Volker Ullmann war Co-Autor verschiedener Fernsehfilme und Theaterstücke. Außerdem publizierte er das Buch „Fechten für Theater, Film und Fernsehen“. In Spanien, wo er einige Jahre lebte, hat er begonnen, Gedichte zu schreiben.

VOLKER ULLMANN

Gedanken aus der Grenzenlosigkeit

Gedichte für Dich

FRIELING

Bibliografische Information der Deutschen Nationalbibliothek
Die Deutsche Nationalbibliothek verzeichnet diese Publikation in der Deutschen Nationalbibliografie; detaillierte bibliografische Daten sind im Internet über http://dnb.d-nb.de abrufbar.

Rheinstraße 46, 12161 Berlin
Telefon: 0 30 / 76 69 99-0
www.frieling.de
ISBN (Print): 978-3-8280-3834-9
ISBN (E-Book): 978-3-8280-3835-6
1. Auflage 2024
Bilder: Volker Ullmann

Printed in Germany

Für Manelle und Ulli
in Liebe und Freundschaft

NIEMAND IST FORT, DEN MAN LIEBT.
LIEBE IST EWIGE GEGENWART.
Stefan Zweig

INHALT

LIEBE

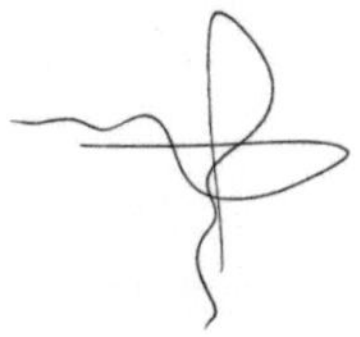

ORT UND ZEIT

Morgendämmerung

Blauschwarze, atemlose Ruhe,
befreiend die Luft, glasklar und rein.
Himmel und Meer vereint noch im Halbschlaf,
Dunstschwaden ziehen vorbei spinnwebfein.

Am Horizont silbernes Flimmern.
Aus dem Meer taucht blutgetränkt die Sonne auf,
honigfarben leuchtet der Himmel,
friedlich und warm beginnt ein neuer Tageslauf.

Das weißblaue Meer strömt salzig ins Türkis.
Beglückendes Licht dehnt sich immer mehr aus.
Ein lauer Wind durch Zypressen und Pinien fließt.
Die Sonne lädt das Herz der Natur wieder auf.

Andalusien

Komm mit!
Dorthin, wo die Seele ausbricht und in Höhen steigt,
wo der Tag von pastellfarbenem Licht ist getränkt,
das Meer seine farbenreiche Palette zeigt
und dir den Geruch von Frische und Weite schenkt.

Komm mit!
Dorthin, wo Palmen zwischen Pinien und Zypressen winken,
das Gelb und Orange von den Bäumen glüht,
weißgetünchte Häuser wie hingewürfelt aufblinken
und die Luft betörend blüht.

Komm mit!
Dorthin, wo zerklüftete Gebirge Licht in Schatten tunken,
wo die goldfarbene Sonne in ihrer Glut zerfließt,
vom Nachthimmel unzählige Sterne funkeln:
Dort kannst du das Leben trinken
und erlösende Ruhe finden.

Das Meer

Von einem schwarzen Tuch umhüllt die Nacht,
am Firmament die funkelnde, sternendurchflutete Pracht.
Das Meer, frei, wild und weit,
verliert sich im Grau der Unendlichkeit.

Ein neuer Morgen erwacht,
zurück weicht der Mond sehr sacht.
Rosa und lila schimmert das Wasser bei Sonnenaufgang.
Der Atem des Meeres, nach Salz riecht er,
nach Fisch und nach Tang.

Ein milchiger Dunst legt sich aufs Wasser schwer,
am bleichen Horizont verschmelzen Himmel und Meer.
Unaufhörlich rollen und schlagen die Wellen ans Land,
angespült sind Treibholz, Steine, Muscheln und Sand.

Mit steigender Sonne verwischt das Meer seine Farben,
ins Graublau werden dunkelblaue Streifen geschlagen.
Gebirge, Konturen nur, ragen am Horizont empor,
strahlendes Licht ruft auf dem Wasser eine Landschaft hervor.

Die Luft ist still, weich und klar,
das Meer atmet gleichmäßig und sanft, kaum spürbar.
Aus seinem Wasser tauchen verwitterte Felsen auf,
Varianten von Blau entstehen durch den Sonnenlauf.

Am Abend die Sonne sich langsam senkt,
das Meer ist mit Orange, Gelb und Rot getränkt.
Der Nachthimmel, dunkel und sternenklar,
macht im Mondlicht geheimnisvoll das Meer offenbar.

Frühling

Dunkelblau der Himmel, granitgrau das Meer,
noch schwirrt der Winter in den Lüften umher.
Am östlichen Horizont ein Leuchten glimmt,
es kämpft der Frühling mit Kälte und Wind.

Orangefarben die Sonne aus dem Wasser steigt,
bringt zärtliche Wärme und Glückseligkeit.
Es beginnen zu blühen in Grüntönen die Wiesen,
die Blätter an den Bäumen wollen erst schüchtern nur sprießen.

Der Vögel Gesang erfüllt die Lüfte,
aus Tulpen steigen lockende Düfte.
Nun explodiert die Natur mit all ihrer Kraft,
das Leben blüht wieder auf mit ganzer Macht.

Der geheime Ort

Ich kenne einen Ort, an dem Palmen sich Geschichten erzählen,
das Meer und der Himmel schillernde Farben wählen,
Düfte von Orangen- und Zitronenblüten die Luft erfüllen;
wo sich Glücksgefühle selbst enthüllen,
ein lauer Wind dich umweht
und deine geheimen Wünsche fortträgt.

Ich kenne einen Ort, wo der Marmor weiß glüht,
Bougainvillea an den Wänden blüht,
wo Probleme von selbst verschwinden
und Träume sich wiederfinden,
wo perliger Sand auf den Dünen glänzt
und Gitarrenklang ins Herz sich brennt.

Ich kenne einen Ort, wo Wellen über Klippen springen,
Menschen auf Felsen über die Liebe singen,
wo man das Meer hört, riecht und schmeckt,
die wärmende Sonne dich wiedererweckt,
wo die Zeit unendlich erscheint:
Dort bist du mit dir und der Welt vereint.

Sommer

Dort, wo Wasser lila in den Himmel fließt,
die Sonne ihr Rosa und Gold ausgießt,
entzündet sich der sengend heiße Morgen.
Noch ist die Hitze aber im Flimmern verborgen.

Goldgelbes Glühen zieht über das Meer.
Der feucht glänzende Strand noch menschenleer.
Ein Geruch von Salz in der Luft und Möwengeschrei.
Am Himmel schwebt ein Drachenflieger und fühlt sich frei.

Boote tanzen auf dem Wasser in schimmerndem Licht.
Wellen brechen sich an Küsten mit weißer Gischt.
Die flirrende Hitze klettert in windige Lüfte.
Üppig blühende Sträucher verströmen berauschende Düfte.

Die weiß brennende Sonne entzieht dem Tag seine Farben.
Ausgedörrte Flüsse und Seen zeigen tiefe Narben.
Unter brütender Hitze duckt sich alles Leben.
Nur bunte Schmetterlinge durch die Lüfte schweben.

Wenn der ausgebleichte Tag dem Ende geht entgegen,
Gebirgskonturen sich in pastellgrünem Leuchten erheben,
schlüpft die goldene Sonne behutsam ins Meer der Zeit
und die Nacht umhüllt den Sommertag mit ihrer Dunkelheit.

Sommergewitter

Die Nacht im Tiefschlaf, in grauschwarzem Gewand,
der Himmel mit schweren Wolken behangen.
Ein Sturm tobt wild über das Land,
noch sind die Menschen in Träumen gefangen.

Blitze zucken grell durch die Wolkenkluft.
Der Donner dröhnt drückend in so schwüler Luft.
Wolken entladen sich ihrer schweren Last, die nass
als Sintflut herniederprasselt ohne Unterlass.

Bäume, Sträucher taumeln und ducken sich
vor der hereinbrechenden Gewalt.
Tiere, angsterfüllt, verstecken sich
und suchen Schutz im sicheren Wald.

Unaufhörlich toben sich Naturkräfte aus.
Die Menschen trauen sich nicht allein aus dem Haus.
Hagelkörner verwüsten Felder und Pflanzen, Hab und Gut.
Bis zum frühen Morgen dauert die zerstörerische Wut.

Der Himmel reißt auf, verscheucht das düstere Wolkenheer
und zeigt sich in einem tiefblauen, leuchtenden Meer.
Die rote Sonne vertreibt die Nacht wie ein strahlender Held,
taucht in ein goldenes Licht das verwüstete Weizenfeld.

Die Luft ist gewaschen, klar und rein.
Endlich kehrt nun sanfte Ruhe ein.
Aus grünen Bäumen hört man wieder Vogelgesang.
Wie neugeboren schreitet hell der Tag voran.

Herbst

Der Sommer verblasst, der Herbst schon zu riechen,
es beginnen Insekten und Igel sich zu verkriechen.
Nebelschweres Schweigen zieht übers Land.
Das Grün ist ausgeblutet, ausgebrannt.

Ein Sonnenstrahl durch graue Wolkenberge dringt,
stumm fallen Blätter in feuchtem Wind.
Der Ahorn leuchtet in rotgelben Farben,
in Tautropfen spiegeln sich Krähen und Raben.

Im warmen Licht glimmt golden der Granit,
ein Kranichschwarm nach Süden fliegt.
Der Tag ist in Pastellfarben gehüllt,
sanfte Kühle die Luft erfüllt.

Abendstimmung

Goldgelbes wärmendes Licht;
ein Dunst wie Milch zieht über das Meer.
Das bizarre Gebirge nur in verwaschener Sicht.
Es schwirrt eine Schwalbe umher.

Aus den Schatten der Pinien schälen sich weiße Häuser heraus,
der Himmel, pastellfarben, bleicht immer mehr aus.
Die Sonne wie ein brennendes Schiff ins Meer sich senkt,
das Firmament ist durch das Feuer blutrot getränkt.

Die Finsternis schleicht heran, verschluckt den Tag,
so dreht sich in einem fort das Zeitenrad.

Abendrot

Das Herz sieht in kristallklares Licht,
das Meer liegt da und bewegt sich nicht.
Der Himmel getränkt in Orange und Gelb,
ein Tropfen Zartrosa ins Meer herabfällt.

Am Horizont verschmelzen die Farben,
sie werden vom Blut der Sonne begraben.
Sie strahlt mit letzter Kraft am Firmament.
Abendrot ein jeder dies Schauspiel nennt.

Winter

Klar wie Glas die Luft und rein.
Der Mond wirft seinen blauen Schein
in die dunkle, stille, tiefkalte Nacht.
Am Himmel die funkelnde Sternenpracht.

Zu Eis erstarren Wiesen und Seen,
an Scheiben bizarre Eisblumen entstehen.
Die Landschaft gehüllt in ein weißes Kleid.
Der Winter hat übernommen die Zeit.

Weihnachtszeit

Jetzt tanzt die Freude durch die Luft
mit ausströmendem Tannenduft.
Kinderaugen im Kerzenschein
leuchten unschuldig, hell und rein.

In der sternenbehangenen Nacht
wird an die Geburt Jesu gedacht.
Es läuten die Glocken, weithin schallt der Chor,
„O du fröhliche" steigt zum Himmel empor.

Entzündet sind die Weihnachtskerzen,
die Liebe lodert in den Herzen.
Ein strahlender warmer Schein
fließt in das ewige Sein.

Der See

Komm an den See, in dem sich blaue Monde spiegeln!
Wo Weiden sich im lauen Winde wiegen.
Wo Schatten in eine Felsenkluft gleiten,
sich Blumendüfte in der Luft verbreiten.

Dort kann Zufriedenheit sich über dich ergießen,
wo Zypressen wie Speere in den Himmel schießen,
flammende Bäume lodern in schillerndem Licht,
dort hast du auf alles eine andere Sicht.

An der Hamburger Alster

Das Funkeln der Stille durchströmt die Nacht.
Der Mond hat das Feuer in sich entfacht.
Über mir die Milchstraße als weißes Band.
Blütenköpfe sind den Sternen zugewandt.

Ein violetter Lichtstrahl durchbricht die Dunkelheit.
Der kühle Morgen erwacht mit seiner Wirklichkeit.
Im Frühnebel liegt verwunschen der Alstersee vor mir.
Majestätisch gleiten die Schwäne, sind Hamburger Zier.

Der Tag bricht an mit mildem Sonnenschein
und lädt die Menschen zum Spaziergang ein.
Man rudert, läuft, man segelt mit dem Wind,
stolz wird jedem gezeigt das Enkelkind.

Es summen und schwirren die Bienen umher,
Schmetterlinge verzaubern ein Blumenmeer.
Das Leben atmet frei, es ist erwacht
und hat neue Lebensfreude entfacht.

Am Feenteich schnattern die Enten auf wispernden Wiesen,
auf dem sonnengetränkten Wasser die Seerosen sprießen.
Ein Mann mit seinem Hund im Schatten einer Weide liegt,
eine Möwe lärmend einen Alsterdampfer umfliegt.

Mit Strohhut ein Mädchen auf dem Bootssteg sitzt,
in Gedanken ein Herz in den Himmel ritzt.
Aus einem Kinderwagen fliegt mir ein Lächeln entgegen,
mit seiner Kraft vermag es Herz und Seele zu bewegen.

Herbsttage

Der Sommer ist verwelkt.
Nebelschleier liegen auf dem goldenen Tal.
Durch das Fenster des Tages fließt die Sonne,
taucht die Häuser in sanftes Orange.
Graue Wolken ziehen am Himmel.

Böen werfen sich gegen Mauern,
lassen die Schatten der Bäume erzittern.
Herbstgetönte Blätter flattern durch die Luft.
In Scharen ziehen Vögel kreischend über das Wasser.
Wellen klatschen an Felsen, überspülen den Sand.

Der Ahorn

Der Alstersee wie straff gespannte Seide.
Das junge Sonnenlicht lässt den Mond erbleichen.
Sorglos blau leuchtet der Himmel.
Raureif liegt auf den Gräsern.

Die Luft erfüllt vom Duft des Herbstes.
Einsam zieht ein Schwan seine Bahn.
Am Ufer erstrahlt goldgelb ein Ahorn.
Stolz und erhaben, so zeigt er sich.

Die Sonne taucht sein Blattwerk in flammendes Licht.
Glanzvoll leuchtend sendet der Baum
ein Lächeln, Freude und Kraft.
Sein Wuchs öffnet jedem die Seele.

ERKENNTNIS

Der Ursprung des Seins

Der Ursprung des Seins
ist Zufall nur, so scheint's.
Es gab nur einen einzigen Knall,
und schon geboren war das All
mit seinen unterschiedlichen Planeten,
die sich um sich und andere drehten.

Aus Gas, viel Staub und mancherlei
entstand auch unsre Erde nebenbei
und ist schon seit Millionen Jahr',
das ist verwunderlich, doch wahr,
eine schnell veränderliche Welt,
die einen voll in Atem hält.

Der Mensch, ein Wurm in dem Geschichtenlauf,
glaubt, er sei die Kron' der Schöpfung, bläht sich auf,
versucht den Tod zu überlisten mit aller Macht,
der steht dicht hinter ihm und lacht.

Doch wer erkennt, warum er lebt,
nach Demut, Lieb' und Weisheit strebt,
stellt fest, dass er am Ende dann
den Anfang gut beginnen kann.

Die Erd' ist nur ein blauer Ball,
ganz klein und unscheinbar im All.

Eins, zwei, drei, das Leben ist vorbei

Ein Klaps, ein Schrei, das Kind ist da,
Hänschen beginnt sein erstes Lebensjahr.
Aus der Geborgenheit gerissen,
ist nun die Brust sein Ruhekissen.
Doch schnell macht sich die Neugier breit,
das Kind sieht jetzt des Lebens Freud und Leid.

Die Jahre schreiten schnell voran,
aus Hänschen wird dabei ein Mann,
studiert Betriebswirtschaft mit großem Eifer,
erklimmt voll Ehrgeiz die Karriereleiter.
Der Hans verschafft sich Geltung, Reichtum, Macht
und kauft marode Firmen über Nacht.

Durch Tricksereien und auch Transaktionen
scheffelt er für sich Millionen.
Lebt hemmungslos in Saus und Braus,
nutzt Partner, Frauen für sich aus.
Betrügt den Staat, bezahlt auch keine Steuer.
Das wird am End' für ihn und seine Firma teuer.

Eine andre Firma holt ihn dann,
weil er verspricht, dass er sie retten kann.
Entlässt die Hälfte der Belegschaft ohne Scheu.
Sich selbst erfindet er mal wieder neu.
So lebt er ohne Skrupel und Moral,
denkt nicht ans Ende, das ist für ihn fatal.

Denn plötzlich sticht und brennt sein Herz,
er ruft den Arzt in großem Schmerz,
kommt dann ins Krankenhaus, oh welch ein Graus,
die Lebensflamme geht ihm spürbar aus.
Das End' zu akzeptieren sträubt er sich,
stirbt nun wie er gelebt elendiglich.

Einsicht

Schmetterlinge im Bauch, man ist verrückt,
nur die eine kann, ja muss es sein.
Man lebt und liebt in vollem Glück,
doch langsam stellt Normalität sich ein.

Die Partnerin wird genau durchleuchtet dann.
Man entdeckt jetzt Fehler, die ins Auge stechen;
versucht zu formen, zu kneten sie, so gut man kann,
damit die Eigenschaften den Vorstellungen entsprechen.

Doch langsam sieht man ein, so kann nichts werden,
wenn man den Menschen nicht so lässt, so wie er ist.
Erkennen sollte dies auf unserer Erden
ein jeder, der in Partnerschaft verbunden ist.

Glaube

Der Ursprung aller Religionen war
der Menschen Angst vor Elend und Tod.
Ob Jude, Moslem, Hindu oder Christ,
tragen muss der Glaube in der Not.

Von Menschen zum Wohl der Menschen
einst verkündet wurde Gottes Wort.
Mit der Macht des Glaubens wird beherrscht
seither der Mensch in einem fort.

Was ein Prophet im Geist der Zeit vor tausend Jahr' gesagt,
die Institutionen halten es fest mit aller Macht.
Selbst Kriege werden durch ihr Gebot brutal entfacht;
auch jetzt, wo sich wesentlich die Sicht der Welt verändert hat.

Der Kern der Religionen ist die Liebe.
Das Göttliche liegt verborgen in der Natur.
Die Liebe nur verbannt Gewalt und Kriege,
so erfährt freudig ein jeder sein Leben pur.

Albtraum

Starke Gefühle gefangen im Traum.
Der Schmerz ganz in der Tiefe verborgen.
Beklemmende Szenen greifen immer mehr Raum.
Der Kopf voll von belastenden Sorgen.

Verheerende Enge schnürt ab den Atem.
Der Druck auf deiner Brust wiegt massig, bleischwer.
Panisch ringst du um einen Ausweg.
Der Wecker entreißt dich der schrecklichen Mär.

Warum gerade ich?

Warum gerade ich?
So fragst du dich.
Wenn eine tödliche Krankheit dich befällt,
stürzt für dich ein die ganze Welt.

Ein erbitterter Kampf hat sich im Körper entfacht,
du versuchst, die Ängste im Zaum zu halten mit aller Macht.
Das Herz schlägt wild, der Blutdruck steigt,
du gehst durch Höhen und Tiefen in dieser Zeit.

Blockiert sind deine Zukunftsgedanken.
Die Krankheit hält dich in engen Schranken.
Du verlierst die Kontrolle mehr und mehr.
Die Seele stürzt in ein tiefschwarzes Meer.

Den Tod vor Augen Tag und Nacht,
noch hast du dich nicht umgebracht;
durchlebst die Stunden von Schmerz und Leid,
nur Hoffnung ist das, was dir noch bleibt.

Ein Kinderlächeln gibt neuen Mut,
hilft zu heilen und tut der Seele gut.
Das Herz bricht auf, zieht wieder Kraft,
die Lebensfreude ist neu entfacht.

Doch dann beendet leise über Nacht,
weil alle Therapien nichts gebracht,
der Tod als Freund das ganze Leid.
Du stirbst und gehst in die Unendlichkeit.

Das Herz

Gerade mal fünf Wochen alt,
da beginnt das Herz zu schlagen.
Die Zukunft ist noch ungewiss,
wie lange es noch pumpen wird, kann keiner sagen.

Das Herz rast ohne Unterlass,
in der Minute einhundertfünfzigmal.
Es treibt das neugeborene Leben an,
ein Stillstand wäre jetzt fatal.

Ein Rennen gegen die Zeit beginnt,
kaum ist man auf der Welt.
Es fließen zehntausend Liter Blut am Tag,
was den Menschen am Leben hält.

Bei etwa sechzig Schlägen pro Minute
hat sich der Rhythmus eingestellt.
Gepumpt wird Sauerstoff im Blute
durch die gesamte Körperwelt.

Der Alkohol, Fett, Stress und Rauch
belasten das Herz mit den Jahren.
Auch fordert Ernährung das Herz heraus;
beherzt hält es stand den Gefahren.

Verzweiflung, verletzte Gefühle und Liebesschmerz,
solch Leid ist für das Herz kaum zu ertragen.
Es kann sogar zerbrechen, das kräftige Herz,
und wie beim jähen Infarkt die Pumpe versagen.

Eine andere Sicht

Der Mensch will halten am Ende mit aller Macht
das Leben, das nur für einen kurzen Moment gedacht.
In jungen Jahren denkt er an den Tod noch nicht,
hat in des Lebens Frühling eine andere Sicht.
Erst wenn eine tödliche Krankheit ihn befällt,
sieht auch er mit anderen Augen diese Welt –
und dass für jeden eine eigene Uhr gestellt.

Worte

Schmeicheln, bezirzen, verwirren.
Umwerben, verehren, begehren.
Verführen, kosen und lieben.
Entzücken, beglücken und beben.
Betören, schwören, verweben.

Lügen, verletzen, erschüttern.
Betrügen, wühlen und schreien.
Einmal gesprochen,
nicht mehr zu halten, zu verwalten.
Sie stehen im Raum, allein.

Peitschen, drohen, flehen,
verachten und hassen.
Zerstören Gefühle.
Sie töten,
Worte allein.

Der Tag seufzt mich an

Bleich und trostlos der Himmel.
So grau wie Stahl das Meer.
Der feuchtkalte Strand menschenleer.
Gestalten huschen durch verregnete Gassen.
Das Lächeln hat die Menschen verlassen.
Hinter bleichen Masken versteckt,
wurde die Einsamkeit geweckt.

Unendlichkeit des Seins

Schau in die Unendlichkeit des Seins,
dann schrumpft deine Welt zusammen.
Alles, was dir lieb und wertvoll scheint,
kannst du nicht halten, geht auf in Flammen.

Genieße jeden Tag, der dir geschenkt,
mag er dir auch manchmal sinnlos erscheinen.
Du allein bist, der es lenkt,
ob sich bei dir Glück und Wohlsein vereinen.

Der Angler und der Fisch

Ein Angler stand allein am Strand,
die Rute fest in seiner Hand.
Er träumte von einem großen Fisch,
sah ihn schon auf seinem Mittagstisch.

Bald gab es an der Rute einen Ruck,
jetzt stand der Angler unter starkem Druck.
Es schien, ein großer Fisch hing an seiner Angel.
Er kurbelte, doch die Leine war zu lange.

Die Rute bog sich, die Angelschnur gestrafft,
der Fisch kämpfte ums Leben mit ganzer Kraft.
Am Ende hatte er noch etwas Glück,
die Leine kam zum Angler ohne ihn zurück.

Der trügerische Mond

Die letzten Sonnenstrahlen im Meer versinken,
Finsternis sickert vom Firmament.
Aus dem Meer, blauschwarz und klar,
taucht silbrig auf der Mond, zum Greifen nah.

Zu fassen, halten ist der Mond hier nicht,
am Himmel oben ist sein wahres Angesicht.
Dort steht der Mond in seiner Vollmondkraft,
um zu erleuchten die dunkle, tiefblaue Nacht.

So ein Trugbild von dem wahren Sein
gibt es nicht nur von unserm Mond allein;
denn wenig ist das, was es vorgibt zu sein,
wir fallen nur alle kleingläubig darauf rein.

Vertrauen und Verständnis

Dort, wo der Duft weißer Lilien
sich mit dem des Mandelbaums vermählt,
wohnen Zauber, Verständnis und Leidenschaft.
Das Sichauflösen in dem anderen
ist ein zerfließendes, allumfassendes Gefühl.
Dieses Miteinander von Vertrauen und Verständnis,
das Kostbarste ist es und auch das Zerbrechlichste.

Angst

Der Mond hängt schief am kalten Himmel.
Die Sterne strahlen in leerem Glanz.
Wie geschmolzenes Blei schillert das Meer.
Dunstschleier fegen aus dem Nichts einher.

Pflanzen strangulieren Bäume.
Von Blättern tropft der kalte Schweiß.
Spinnweben wirbeln im Wind empor.
Aus Bergschatten schleicht die Angst hervor.

Sie springt dich an, kriecht in den Nacken,
frisst sich langsam ins Gehirn hinein.
Sie flirrt, sie wächst und wird zur Angst
vor Dunkelheit, vor Tod, dem Nein.

Jetzt macht dir Furcht ein jeder Strauch, ein jeder Baum.
Wegrennen kannst du vor all deinen Ängsten kaum.
Doch lässt in dir du Liebe erblühen,
dann wird auch bald deine Angst verglühen.

Erinnerung und Wirklichkeit

Eine trockene Traurigkeit lastet auf der Nacht.
Schmerzlich ist's, einen geliebten Menschen zu verlassen.
Das Gedächtnis saugt fest ein Bildnis mit ganzer Kraft.
Der Mensch, in Tränen aufgelöst, wird zurückgelassen.

Die Erinnerung hat ein bestimmtes Bild für sich festgehalten,
doch sind die Person im Kopf und die in der Wirklichkeit gespalten.
Enttäuschung oder Überraschung beim Wiedersehen?
Ein brisantes und immer aufregendes Geschehen.

Das Leben leben

Ihren gespenstischen Schleier lüftet langsam die Nacht.
In Orange und Rosa ergießt sich ein neuer Morgen.
Ein Tag voll endloser Möglichkeiten erwacht.
Noch aber sind Glück und Erfüllung verborgen.

Mit der Sonne blühen auf Hoffnung und Mut,
nach Zufriedenheit und Liebe zu streben,
mit großer Freude und feuriger Glut
das Erlebnis des Lebens zu leben.

Die Herrlichkeit der Schöpfung zu erkennen,
in der Düfte und Töne die Sinne anregen,
um Kunst zu erschaffen, für sie zu brennen
und dabei sich ganz dem Atemzug hinzugeben.

Lebenssinn

Langsam verzieht sich eine Nebelfront.
Ein sachtes Leuchten erglüht am Horizont.
Der goldne Himmel in die Erde rinnt,
durch die Morgendämmerung die Sonne dringt.

Möglich ist es, zwischen Raum und Zeit zu gleiten.
In dieser Welt werden Träume zu Wahrheiten.
Einer Welt, in der die Fantasie lebt
und wo dich der Wind der Freiheit umweht.

Dort erkennst du, dass Schätze das Leben birgt,
Liebe, Zufriedenheit und Zuversicht erwirkt.
Dort kannst du auf den Grund des Daseins sehen,
wo alle Türen für dich offen stehen.

Bewusst wird die Kleinheit deines Lebens dir
und dass jeder Atemzug ein Elixier.
Wenn du dir in deinem Leben selbst vertraust
und mit jeder Faser des Seins an dich glaubst,
dann bist du im Einklang mit dir und deiner Welt,
fühlst dich als Teil des Bands, das uns zusammenhält.

Die schöne Seele

Gedanken im Unbegreiflichen.
Schimmernde Reinheit, nicht fassbar.
Das Wahre, Schöne und Gute,
alles in allem vereint.

Quelle der zärtlichen Wärme!
Leuchtend glänzendes Licht!
Sonniges, strahlendes Lächeln!
Vollkommene Liebe!

Durch dich wird der Mensch zum Menschen.
In dir spiegelt sich sein Wesen.
Das Gebäude zerfällt in die Vergänglichkeit.
Du aber tauchst in das Meer der Unendlichkeit.

POLITISCH

Klage

1933
Nicht zu begreifen, was damals geschah,
nur wenige wollten sehen die Gefahr.
Grausam tobten Macht und Wahn.
Was hat man all den Menschen angetan?
Sie wurden verfolgt, verschleppt und interniert,
Tausende sind ins Ausland emigriert.
Bleierner Rauch zog übers Land
von all den Menschen, die verbrannt.

2011
Ein brutaler Krieg fegt übers Land.
Da, wo das Zuhause stand,
sind Schutt und Asche heut zu sehen.
Wohin kann man jetzt noch gehen?
Bomben fallen Schlag auf Schlag,
die Krater sind der Menschen Grab.
Nur verbrannte Erde bleibt zurück.
Wer den Irrsinn überlebt, hat Glück.

2020
Korruption mit Gier nach Macht und Geld,
das regiert schon immer unsere Welt.
Jeder ist nur auf seinen Vorteil bedacht,
auf unsern Planeten gibt keiner mehr acht.
Krieg und Zerstörung durch Macht und Wahn.
Was wird all den Menschen angetan?
Familien verlieren Haus und Hof.
Die Flucht übers Meer ist ihr einziges Los.

Stolpersteine

Einzeln, paarweise, in Gruppen liegen sie da,
aufgereiht vor Hauseingängen,
erzählen stumm von Verbrechen, Gewalt und Tod,
von tiefem, unendlichem Schmerz.

Reifen quietschen vor weißen Judensternen.
Stiefelgetrampel hallt durch Treppenhäuser.
Türen bersten krachend aus Angeln.
Befehle stören brutal das Private.
Eisige Blicke aus tiefschwarzen Uniformen
treffen tränenreich-verzweifelte Augen.
Entsetzlich lähmt die Angst, willenlos macht sie,
stumm, apathisch, mutlos.

Menschen warten schaudernd vor Gleisen,
sehen sich in Viehwägen gestoßen,
sind eingepfercht in einem Albtraum.
Selektion, Trennung von Lieb und Leben.

Einzeln, paarweise, in Gruppen liegen sie da,
aufgereiht vor Hauseingängen.
Namen auf goldgelbem Messing
beschämen und erinnern.

Haltet sie auf!

Haltet sie auf! Noch ist es Zeit,
bevor Terror verursacht Leid.
„Alles fürs Volk“, schreien sie lauthals heraus
und bekommen dafür reichlich Applaus.
Haltet sie auf!

Sie ziehen mit Parolen durchs ganze Land,
die aus brauner Zeit uns schon bekannt.
Der Ton im Parlament wird rau und aggressiv,
wer jetzt noch wegschaut, ist naiv.
Haltet sie auf!

Verführt wird das Volk mit List und Lügen
von reißenden Wölfen, die im Schafspelz betrügen.
Ein jeder hat es in der Hand,
dass Recht und Freiheit bleiben im Land.
Haltet sie auf!

Der Krebs, er wächst, verdrängt, zerstört;
sag niemand, er hätte die Warnung nicht gehört.
Mit deiner Stimme hast du die Macht,
damit das Feuer nicht noch mehr entfacht.
Haltet sie auf!

Die Rechten wollen an die Macht,
damit der Nazismus in Deutschland wieder erwacht.
Die Demokratie ist in Gefahr.
Ihr könnt sie wählen alle vier Jahr!
Steht auf, verteidigt sie!

Brutal ist die jetzige Zeit

Der Mensch ganz genüsslich in seinem Glashaus sitzt,
ohne zu denken, Lebewesen gierig frisst,
er gibt auf seine Umwelt und sich nicht acht,
ölig rinnt die Zeit an der Wand hinab.

Man mordet, schlachtet, beutet aus und merkt es kaum,
dass man damit zerstört den eigenen Traum
und erst zu spät erkennt, dass man versinkt
in die Zeit, wo Blut von den Wänden rinnt.

Das Feuer, das man selbst entfacht,
schnürt jedermann die Luft jetzt ab.
Man ertrinkt im Schlamm von Schmerz und Leid.
Brutal ist die jetzige Zeit.

Die Meerjungfrau

In dem weiten blaugrauen Meer ziemlich tief
lag auf einem Fels die Meerjungfrau und schlief.
Sie träumte von einer längst verschwundenen Welt,
die sich nur noch im Traum hatte heil dargestellt.

Wo das Korallenriff farbenprächtig blüht,
das Meer nachts hellblau magisch leuchtet und glüht,
die Meeresbewohner frei und wohl sich fühlen,
Seegras und Algen den Meeresboden grünen.

Wo Fische um die Wette tauchen und schwimmen,
Wale und Delfine ihre Jungen trimmen,
wo Fischschwärme sich immer neu formieren
und so wundervolle Bilder kreieren.

Die Meerjungfrau, noch in ihrem Traum versunken,
war von dieser bunten Welt ganz freudetrunken.
Dann legte ein düstrer Schatten sich auf dieses Spiel,
beim Erwachen ihr ganzer Traum zusammenfiel.

Wehmütig sah sie zu dem Korallenriff,
das tot und bleich dalag wie ein Geisterschiff.
Erst jetzt bemerkte sie ein weißes Plastikband,
welches sich eng hatte um ihren Leib gespannt.

Im weiten blaugrauen Meer ziemlich tief
rang die Meerjungfrau um ihr Leben und rief:
„Mich und meine Welt habt ihr schon zerstört.
Was muss noch geschehen, dass ihr uns erhört?“

Autokratie

Auf diesem Planet ist das gefährlichste Tier
der Mensch mit seiner unbändigen Gier.
Mit gefälschter Wahl wird gestohlen die Macht,
der Menschenrechte nicht länger gedacht.

Die Opposition wird ausgeschaltet,
die Medien sind einheitlich verwaltet,
Gerichte vom Staate kontrolliert,
sein Leben verliert, wer nicht pariert.

Das ganze Land in Leid und Not,
brutal gefoltert bis zum Tod.
Das Volk allein hat es in der Hand,
solidarisch zu löschen den Brand.

Trauma

Ukraine, März 2022

Wie ein grauer Lappen hängt der Mond am Himmel.
Rauchschleier steigen aus Häusergerippen,
die in stauberstickte Luft emporragen.
Aus Dunkelheit kämpft sich die Sonne hervor.

Bösartiger Geruch vergilbt den Morgen.
Um engen Schutzkellern zu entkommen,
einer Hölle aus Grausamkeit und Qual,
führt der Weg über Trümmer und Leichen.

Bomben und Raketen hämmern im Kopf.
Raus aus dem Wahnsinn in die Leere.
Nur Gedanken laufen noch zurück,
gefangen im Räderwerk des Traumas.

Raus!

Bundestagswahl 2021

Raus aus der Bequemlichkeit!
Unser Planet ersäuft und brennt, weltweit!
Es geht nur ums Ego, um Reichtum und Allmacht,
an zukünftige Generationen wird nicht gedacht.

Wichtig ist nur, die Wirtschaft floriert,
der Arme am Abgrund ist der, der verliert.
Auslöser politischer Gewalt
sind Korruption und der Machterhalt.

Mit Abwarten und Lavieren
wird Deutschland kostbare Zeit verlieren.
Fehlentscheidungen sind viele zu beklagen,
die Krisenpolitik ist ein Totalversagen.

Mit diffusen Worten wird vertuscht und belogen,
das Volk um seine Interessen betrogen.
Geboten ist, diese Welle jetzt aufzuhalten.
Eine neue Mannschaft muss die Zukunft gestalten!

Unser Planet ersäuft und brennt

Die Nacht ruhig und still, von Wärme erfüllt.
Träge geht die brütende Sonne auf.
Der Morgen in dunstigen Smog gehüllt.
Hitze schleicht langsam in den Tageslauf.

Sengende Sonnenstrahlen fallen auf verwelkte Erde.
Der Himmel schmutzig und ockerfarben.
Der Wind fegt über eine verendete Rinderherde.
Die Landschaft aschgelb, voll tiefer Narben.

Ein Blitz entlädt sich in die Trockenheit.
Entzündet wird ein heiß wütender Brand.
Tieren und Menschen bringt er herbes Leid.
Ohnmächtig stehn sie vor der Feuerwand.

Ein Meer aus lodernden Flammen der Wald;
glutrot der Himmel, Asche verhängt die Luft.
Das Inferno prasselt, knistert, ächzt und knallt;
verkohlte Leichen liegen in der Gruft.

Ein Leuchten am verschwommenen Horizont,
durch die Morgendämmerung die Sonne dringt.
Am trüben Himmel eine Wolkenfront,
ein Donnergrollen aus der Ferne klingt.

In ausgetrocknete Flussbetten
fallen die ersten Tropfen sacht.
Der Sturmwind zerrt an Lichterketten.
Es blitzt, gewittert, klatscht und kracht.

Da brechen die Gewitterwolken auf,
tosend stürzen Wassermassen herunter.
Flüsse sprengen ihren gewohnten Lauf,
reißen Brücken und Häuser mit sich hinunter.

Panisch flüchten die Menschen vor der wilden Flut.
Man betet und hofft, man bleibt am Leben.
Im Wasser gehen unter Hab und Gut.
Verzweifelt schaut man in nicht endenden Regen.

Es ersäuft und brennt unser Planet,
ihn zu retten, ist es nicht zu spät.
Ein jeder hat es in der Hand,
ob untergeht das ganze Land.

Der Krieg, der am 24.02.2022 begann

Die Menschen haben sich für Frieden verbürgt;
keiner konnte das Unheil erahnen.
Ein Land ist vergewaltigt und erwürgt
von weißem Z und weiß-blau-roten Fahnen.

Wohnhäuser und Städte sind bombardiert.
Mit allen Mitteln wird Angst verbreitet.
Gebiete sind besetzt und annektiert.
Das Auslöschen des Staats ist eingeleitet.

Der Aggressor zerschlägt die Freiheit ungehemmt.
Nur Tod bringt die bösartige Brut.
Die Luft ist von Elend und Verzweiflung getränkt.
In Sandkästen versickert das Blut.

Nur Zusammenhalt und Glaube haben die Kraft,
das Blutvergießen zu stillen;
allein die Liebe hat die Macht,
die Herzen der Menschen mit Hoffnung zu füllen.

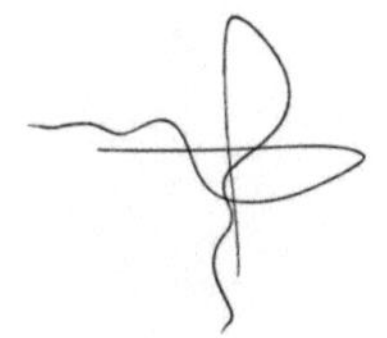

LEID

Abschied

Die Zeit verrinnt, der Abschied ist für uns greifbar nah,
genießen wir die Welt, die wir erschaffen haben.
Das Wunder endet, sobald einer von uns geht.
Zurück bleiben Erinnerungen und Leid.

Lass uns das erwachende Licht aufnehmen,
die taufrische, klare Luft einatmen,
dem Klang der Meereswellen lauschen,
in der blutroten Sonne baden.

Die Welt ist einmalig und so bewegend,
wert, einen Augenblick sie zu erleben,
Schmerz und Leid dafür zu ertragen,
um am Ende doch Dank zu sagen.

Vergessen

Panisch irrt er durch die Straßen,
was er jetzt sucht, das weiß er nicht.
In Vergesslichkeit gefangen,
findet im Dunkeln er kein Licht.

Gedankenfetzen fliegen
durch die Zellen im Gehirn;
er will sie halten, will sie fassen,
doch Vergangenes liegt unterm Firn.

Leer und müde fühlt er sich,
eintauchen will er in verflossene Zeit,
nur lässt ihn die Erinnerung im Stich,
und er stürzt in Einsamkeit.

Seine Welt sieht er im Hier, im Jetzt,
verändert ist sein Gefühl für Zeit.
Sein ganzes Leben, ein Augenblick,
verschwindet in der Unendlichkeit.

Vor seinem Haus steht er ganz verwirrt,
betrachtet es mit Wohlgefallen.
Ein Funke zeigt, dass er es selbst gebaut,
einen schwarzen Vorhang sieht er fallen.

Es blühen noch Erinnerungsfetzen,
das Vergangene schleicht sich sacht davon.
Sein Gehirn ist nicht mehr zu vernetzen.
Er läuft einen widrigen Marathon.

In dem sich ausdehnenden Nebelmeere
flimmern die Farben Grün, Gelb, Lila und Rot.
Ganz berauscht von der tiefschwarzen Leere,
geht er freudig-erleuchtet in den Tod.

Sterben

Ein Engel schwebt leise durch den Raum,
im Diesseits gefangen ein Sterbenskranker.
Sein Ein- und Ausatmen hört man kaum,
langsam lichtet er seinen Lebensanker.

Beruhigende, wabernde Stille.
Ein Strom aus Liebe fließt jetzt herbei.
Erst muss sich noch lösen der Wille,
damit die gefesselte Seele wird frei.

Ein Spatz schaut durchs Fenster herein.
Rauch zieht durch feine Spinnweben.
Der Mensch kann sich von der Materie befreien,
auflösen sein derzeitiges Leben.

Das Bewusstsein schwindet mehr und mehr,
wird in einen blendenden Tunnel gezogen,
dann fällt es in ein himmlisches Meer
und tanzt leicht auf den universellen Wogen.

Corona

Pandemisch und gespenstisch
breitet sich Corona aus.
Raubtierhaft würgt es den Menschen,
löst Entsetzen, Panik aus.

Heiß gerungen wird um Atem,
verzweifelt rast das schwache Herz.
Todesangst, mit Wahn befallen,
sickert ins giftige Blut mit Schmerz.

Ausgestorbene Städte, Friedhofsstille,
Menschen klagen in der Einsamkeit.
Lahmgelegt der Lebenswille,
grausam prüft das tiefe Leid.

Qualvoll sterben Infizierte,
warten bäuchlings auf den Tod.
Särge stapeln sich in Hallen.
Ein Virus stürzt den Menschen in große Not.

Covid-19

Der Virus hat uns alle grausam gefangen,
viele sind in Verzweiflung untergegangen.
Auf Dächern tanzt das Gespenst der Einsamkeit.
In vielerlei Gestalt zeigt sich das Leid.

Merkwürdig ist's, allein zu lachen,
doch morgens froh wieder aufzuwachen.
Wir verlieren uns langsam und damit die Welt,
die uns mit jedem Atemzug am Leben hält.

Einsamkeit

Gefangen in der Einsamkeit,
die Haut mit tiefen Falten.
Die Augen voller Schmerz und Leid,
das Alter nicht mehr aufzuhalten.

Allein von allen abgetrennt.
Angst, sich zu verlieren
und die Welt, wie man sie kennt.
Furcht, nicht mehr zu existieren.

Augenblicke ziehen vorüber,
vom Alter geschwächt ist der Mut.
Blutige Tränen quellen über,
langsam erlischt die Glut.

Der Greis

Sein Gedächtnis ist im Laufe seines Lebens
so trüb geworden, dass es nichts mehr behält.
Unter Qualen sucht er Erinnerungen vergebens,
sie sind verfärbt und schon verwelkt.

Mit schlurfend kleinen Schritten,
die durch sein hohes Alter sind geprägt,
will er sein Leben finden, das ihm ganz entglitten,
und stellt fest, dass er doch nur auf der Stelle geht.

Die Glut des Herzens ist erloschen,
kein Hoffnungsschimmer glimmt mehr auf.
Er hat das Leben für sich abgeschlossen,
beendet ist der mühsame Erdenlauf.

Tod

Dumpfe Kühle liegt in der Luft.
Am steingrauen Himmel flattern Krähen.
Zu spät, das Leben zu retten.
Das Glühen der Augen lässt nach.
Unruhe tanzt an der Decke.

Der Mond steigt nackt aus dem Wasser.
Angst kriecht ins Gehirn,
fressende, saure Angst vor der Leere,
sie ertrinkt im Fluss der Verzweiflung.
So schwer, das Endgültige zu durchleben.

Tief hängt der Nebel der Vergangenheit.
Der Gesang eines Vogels durchbricht die Stille.
Labyrinthe der Enttäuschung
brechen mit ergreifendem Gefühl auf.
Brennend taut der tiefgefrorene Schmerz in der Seele.

Mit der Erkenntnis der Sterblichkeit
kommen schmerzvolle Gedanken unerbittlich,
sind in unabwendbare Endgültigkeit getrieben,
in den Tod, in eine friedvolle Dunkelheit.

Unter dem Diktum der Vergänglichkeit
erblüht und welkt eine Blume,
bis sie in lichtloser Stille zur Ruhe kommt.
Nichts auf dieser Welt hat Bestand.
Leben, das bedeutet von jeher Tod.

Einzig übrig bleiben Erinnerungen,
die mehr und mehr verblassen,
in denen man vor Traurigkeit ertrinkt
und auf den Grund des Lebens sieht,
jenseits von Raum und Zeit.

Fall ins Vergessen

Der Geist trüb und grau wie altes Leinen.
Zerstreute Gedanken treiben als flüchtige Schatten
durch die endlosen Zellen im Gehirn.
Abrupt und panisch jagen sie durch düstre Wälder,
wo Bäume wie Geister erscheinen,
verirren sich in neblige Schluchten,
fallen tief in jene Höhle, die dem Vergessen gehört.
Dort tropft die Verwirrtheit von der Decke,
zerrinnt in türkisklarem Wasser eines unterirdischen Sees.

Zurück ans Licht

Noch schwimmt der Kopf.
Du fühlst dich erschöpft, kraftlos.
Wie ein Stück Holz im Wasser treibst du auf den Wellen der Angst,
du fürchtest, ganz in den Strudel hineingezogen zu werden
und unterzugehen.

Am Horizont ein goldenes Leuchten.
Ein neuer Tag beginnt, mit ihm die Hoffnung,
dem höllischen, krankhaften Zustand entrinnen zu können.
Einen Weg zurück, den gibt es nicht. Es geht nur nach vorn.
Jegliche Angst fegt der Wind hinweg und verschluckt sie.
Wie Wasser im Sand versickert der Schmerz.
Die Erinnerung an das Leiden ist wie ausgewaschen.
Jetzt zählt der Augenblick, das Leben wieder zu leben.

Trauer

Kalt leuchtend geht die Sonne auf.
Das Leben hat einen Strich gezogen.
Verloren habe ich dich!
Jetzt verliere ich mich.
Du fehlst!
Wie Herbst fühle ich mich.
Der Schmerz rammt mit Wucht die Wirklichkeit.
Das Herz zerreißt.
Verzweiflung weht um mich.
Das Leid herausschreien möchte ich.
Gedanken überschlagen sich in Trostlosigkeit.
Nichts geht weiter wie bisher.
Von Leere durchdrungen, folgen bleierne Tage.
Die Wehmut lässt mit Tränen die Erinnerung blühen.
Du bist wieder spürbar.
Gibst Kraft und Halt.

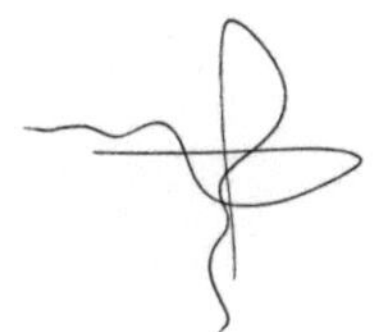

LIEBE

Liebesglück

Es ist, als ob ich träume.
Verzaubert hast Du mich
durch Dein leuchtendes Lächeln,
deine einnehmende Art.
Das Glück ist in der Seele bewahrt.

Liebe. Verändert hat sich das Leben.
Momente höchster Seligkeit.
Einwickeln möchte ich mich in Dich
und das Geheimnis wie einen Schatz hüten.

Die Liebste so weit und doch ganz nah

Die Liebste so weit und doch ganz nah,
denn jede Sekunde ist sie da.
Mein Herz ist ganz erfüllt von ihr,
es brennt die Sehnsucht hell in mir.

Vom Fenster in meinem Zimmer
seh ich den Fels von Gibraltar,
das weiße Meer in waberndem Schimmer,
das Atlasgebirge zum Greifen nah.

Wie gern würd ich diesen Augenblick jetzt teilen,
mit Dir spazieren Hand in Hand.
Während die Gedanken auf den Wellen reiten,
mal ich ein Herz in feuchten Sand.

Für Dich

Du bist ein strahlender Stern am Firmament.
Ein göttlicher Duft, der verführt und betört.
Die Weite des Meeres, das kein Ende kennt.
Zeitlose Stille, die Dir nur gehört.

Palmblätter im Wind erzählen von Dir und Deiner Zeit.
Ein besonderer Augenblick in der Unendlichkeit.

Du fehlst mir

Der Himmel strahlt reich und verschwenderisch.
Das blaue Meer von weißem Schleier umhüllt.
Ein lauer Wind durch Palmen fließt.
Die Luft ist von andalusischen Düften erfüllt.

Dieser Zauber, der die Seele berührt,
ist täglich kostbare Nahrung für mich,
die ich teilen möchte nur mit Dir.
Alles, was Du bist und wie Du bist, fehlt mir hier.
Ich liebe Dich!

Mein Herz brennt

In der Fremde war ich lange Zeit von dir getrennt,
doch blieb treu die Liebe, die in meinem Herzen brennt.
Unsere Entscheidung hält mich fest in Schranken,
kann aber nicht fesseln die Gedanken;
über Meere, Gebirge, Grenzen fliegen sie zu Dir
und grüßen Dein Herz mit viel Liebe von mir.

Nach so langer schattiger, einsamer Zeit
vermisse ich Deine Nähe und Deine Zärtlichkeit.
Ich wünsche, dass wir uns wiederfinden
und das Feuer der Liebe neu entzünden;
für eine Zeit, die keinen Hass und Streit mehr kennt,
sodass nur noch Liebe in unseren Herzen brennt.

Pas de deux

Wellenbewegungen fließen durch den Raum,
musikalisch und tänzerisch ein himmlischer Traum.
Jeder Schritt, jede Drehung, federleicht,
erzählt von Zärtlichkeit und Verbundenheit.

Musik verschmilzt mit lyrischer Bewegung,
mit Anmut, Harmonie und Gefühlserhebung.
Ein malerisches Lächeln schwebt durch den Raum,
ein Pas de deux – wert, immer wieder anzuschaun.

D.A.N.C.E.O.F.T.H.E.G.A.T.H.E.R.I.N. – RB London
Mit Francesca Hayward und William Bracewell

Kürzlich habe ich mich neu in Dich verliebt

Kürzlich habe ich mich neu in Dich verliebt.
Meine Liebe zu Dir war jedoch nie versiegt.
Ein schäumendes Gefühl spürte ich in der Brust,
eine wild tanzende Freude und aufgeregte Lust.

Ich sehnte mich nach Wärme und dem Geruch von Dir,
wieder neu flutete die ganze Fülle der Liebe in mir.
Sehnsucht nach Halten, nach Träumen, nach Lachen,
der Wunsch, wieder mit dir gemeinsam aufzuwachen.
Das zu erleben,
ist mein Bestreben.
Solches Verlangen, Dich glücklich zu sehen,
soll auch in Zukunft niemals vergehen.

Erinnerung

Es atmete der Himmel klare Luft.
Sonnenstrahlen drangen durch die Stille,
ich war verloren und sehnte mich nach Wärme.
Der Gesang des Vogels durchbrach die Gegenwart.

Plötzlich standest Du vor mir.
Liebe flammte in uns auf,
sie strömte aus uns heraus,
fesselte, verzauberte.

Wir versanken in unseren Träumen,
betranken uns mit unserem Leben,
ergründeten uns wieder und wieder,
vergaßen dabei die Zeit und die Welt.

Wir fühlten, tranken und schmeckten uns.
Viele Augenblicke reinen Glücks.
Ewigkeit durchströmte uns
wie ein Fluss, der sich ins Meer ergießt.

Da blendete uns die Wirklichkeit.
Der Wind trug den gemeinsamen Traum fort.
Die Sonne ging auf in einer anderen Welt.
Aber die Erinnerungen blieben bei uns.

Leidenschaft

Vor bunt verfärbtem Himmel reift die Nacht.
Verrücktheit und Spaß ergreifen die Macht.
Es fliegen die Gedanken mit dem Wind zu Dir.
Auf warmem und wohligem Gefühl schwimmen wir.

Ich zieh Dir aus das Kleid voll Zärtlichkeit;
jetzt ist Dein Körper nackt und bloß, bereit.
Ich möchte in Deiner sanften Haut versinken,
mich auflösen und gänzlich in Dir ertrinken.

Ein Feuerwerk entbrennt in magischer Nacht,
in grünweiches Moos fall ich, ganz sacht.
Auf bricht das Gefühl der Glückseligkeit,
verwebt mit vollkommener Verbundenheit.

Ein Gruß aus weiter Ferne

Ein Gruß aus weiter Ferne
mög Dir heut in den Ohren klingen,
Dir ein Stück Erinnerung bringen,
dass Du mich nie vergisst.
Ich seh die gleichen Sterne,
weiß, dass trotz weiter Ferne
Du immer bei mir bist.

Lieben ist genug

Du kannst nicht sein, du wirst dich immer nur verschwenden,
kannst bleiben nicht, die Erde wandert allerenden,
du kannst nicht sammeln, alles Gold wird Blei,
und nichts ergreifen, alles schwirrt vorbei.
Du kannst nicht wissen, denn es ward schon Trug.
Du kannst nur lieben, lieben ist genug.

Meine Welt – Die Welt der Poesie

Raum und Zeit verschmelzen zu gleißendem Licht.
Myriaden von Sternen in der Unendlichkeit.
Ein Farbenspiel leuchtend einen Nebel durchbricht,
zur Schöpfung einer eigenen Welt bereit.

Ein Sog zieht dich tief in die Dunkelheit,
schleudert dich in Traum und Fantasie.
Du schwimmst durch vollendete Seligkeit
und steigst in die Welt der Poesie.

Milliarden von Worten werden wach,
recken sich der Sonne entgegen.
Der Morgen träufelt Violett vom Himmelsdach,
und der Wind lässt das lichtweiße Meer sich bewegen.
Gedanken tanzen auf Wellen der Gefühle,
die sich aufbäumen, überschlagen, brechen, schäumen.
Leere Seiten flattern in der Morgenkühle,
um Geschichten zu sammeln, die sie sich erträumen.

Balladen, Sonette, Epigramme und Oden.
Ihnen folgen Elegien, Hymnen und Lieder.
Sie alle werden aus dem fließenden Sein gezogen
und lassen sich einzeln als Gedichte nieder.

Es entflammen und lodern Visionen.
Kunstwerke blühen auf und entstehen.
Auf blutroten Teppichen von Anemonen
ist das vollkommene Glück zu sehen.

Durch Seerosen gleitet sanft ein Boot.
In seltsamem Tempo läuft die Zeit.
Tief unten schillert die Sehnsucht glutrot.
Du tauchst auf den Grund der Seligkeit.

Dort bist du Licht, wirst von der Liebe geweckt.
Die Gedanken sich plötzlich im Kreise drehen.
Tage fliegen davon, der Himmel ist mit Sternen bedeckt.
Eros lässt aufatmend Sinnlichkeit entstehen.

Den Puls der Liebe spüren und erkennen,
sich auflösen in dem anderen voller Zärtlichkeit,
sodass sich Berührungen in die Haut einbrennen
und wir entgleiten in eine Welt zwischen Raum und Zeit.

Schwerelos wie ein Gedanke
schwebst du in dieser Grenzenlosigkeit.
Es fließt alles ineinander;
du bist frei.

Augenblicke reinen Glücks

Die aufgehende Sonne, einer Orange gleich,
wirft ihre Strahlen durch das Grün der Bäume samtweich.
Das fleckengetupfte Sonnenlicht fällt auf ein Blumenbeet,
auf dem der Wind mit den Schatten tanzt und um die Blüten weht.

Die Sommerwiese wuchert wild, einen Flügelschlag von hier.
Pusteblumen tragen meine sanften Gedanken zu Dir.
Ich sehne mich nach Lust, nach Streicheln und Lachen,
um entrückte Momente mit Dir zu entfachen.

Im warmen Gras liegen, den Tag und die Sonne genießen,
Dich mit Leidenschaft in meine Arme schließen;
den Puls des Lebens fühlen, das möcht ich mit Dir;
Deine Liebe spüren, die meine Seele aufweckt in mir.

Schwerelos

Auf dem Kopf stehen.
Der Himmel wirft die Last der Dunkelheit ab.
Ein junger Tag webt eine neue Hoffnung.
Die Luft ist klar und dünnhäutig.
Das Flüstern des Windes in den Bäumen
knistert voll leuchtender Zärtlichkeit.
Sanfter violetter Regen fällt auf Zufriedenheit,
auf der ich mit Dir in die Unendlichkeit tanze,
dorthin, wo der Himmel rein und sorglos ist
und wo wir unseren Traum leben.

Danksagung

Ich danke meiner Familie Manelle, Shantia und Kostja sowie meiner Schwägerin Gisela, die alle die Gedichte in der Rohfassung zum Lesen bekommen haben und die für mich ein guter Gradmesser waren. Für das immer ermutigende Feedback und die Unterstützung zum Weiterschreiben danke ich meiner lieben Schwester Uta, die mich bestärkt hat, die Gedichte zusammenzustellen.
Auch danke ich meinem Freund Roland Mörchen sehr herzlich, der meiner Bitte ohne Zögern nachgekommen ist, meine Gedichte zu lesen und zu lektorieren. Seine Ratschläge und guten Änderungsvorschläge habe ich gerne in die Gedichte einfließen lassen.